Analyse de l'œuvre

Par Amandine Farges

Les Chants de Maldoror

du Comte de Lautréamont

lePetitLittéraire.fr

Analyse de l'œuvre

Par Amandine Farges

Les Chants de Maldoror

du Comte

de Lautréamont

lePetitLittéraire.fr

Rendez-vous sur lepetitlitteraire.fr et découvrez :

Plus de 1200 analyses
Claires et synthétiques
Téléchargeables en 30 secondes
À imprimer chez soi

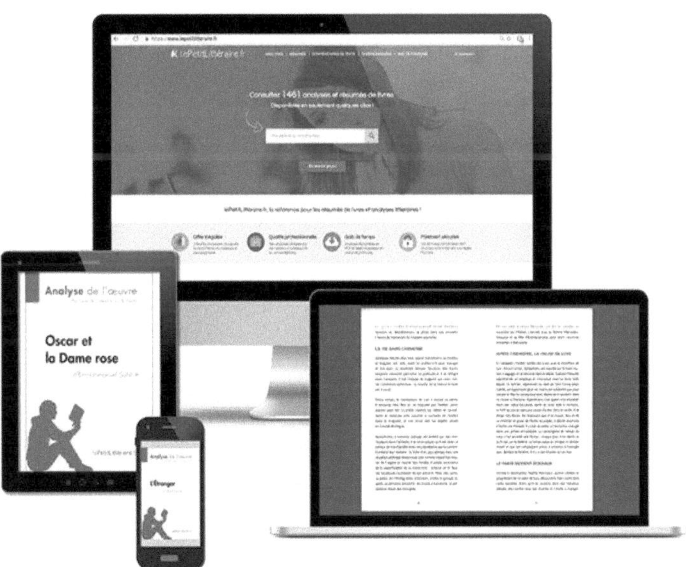

ISIDORE DUCASSE, DIT COMTE DE LAUTRÉAMONT

ÉCRIVAIN FRANÇAIS

- **Né en 1846 à Montevideo (Uruguay)**
- **Décédé en 1870 à Paris**
- **Quelques-unes de ses œuvres :**
  - *Les Chants de Maldoror* (1969), poésie en prose
  - *Poésies I* (1870), poésie en prose
  - *Poésies II* (1870), poésie en prose

On sait peu de choses de la vie et de la mort précoce d'Isidore Ducasse.

Il nait le 4 avril 1846 à Montevideo. Orphelin de mère, il est élevé par son père qui travaille au Consulat français de l'Uruguay. Il est confié à l'âge de 13 ans à un ami de la famille, Jean Dazet, et déménage à Tarbes où il suivra ses études secondaires. C'est à cette période qu'il nouera des amitiés fortes (Paul Lespès, Georges Minvielle et Georges Dazet qui auront chacun leur place dans *Les Chants de Maldoror*), En 1867, après un court séjour à Montevideo, il rejoint Paris où il se consacre totalement, entretenu par l'argent que lui verse mensuellement son père, à l'écriture des *Chants de Maldoror* et de deux fascicules de poésies. Malgré tous ses efforts pour faire connaître son œuvre il mourra méconnu le 24 novembre 1870, pendant le siège de Paris de la guerre franco-allemande. Les causes de sa mort ne sont pas connues.

LES CHANTS DE MALDOROR

UNE POÉTIQUE DU MAL

- **Genre :** poésie
- **Édition de référence** : *Les Chants de Maldoror, et autres textes*, Paris, Le Livre de Poche, 2001, 448 p.
- **1ʳᵉ édition :** 1869
- **Thématiques :** mal, épopée, surréalisme, violence, mort, poésie

Les Chants de Maldoror, unique livre du comte de Lautréamont (les deux fascicules de poésie publiés ensuite le seront sous le nom d'Isidore Ducasse) se composent de six chants. Le premier fut dans un premier temps publié à compte d'auteur, et de façon anonyme. Malgré les envois qu'Isidore Ducasse fait aux critiques et aux poètes de son temps (notamment Victor Hugo), cette première publication ne rencontrera que très peu d'écho. Il remporte cependant une mention dans un concours, payant.

Conforté par ce résultat, Isidore Ducasse envoie son manuscrit enrichi de 5 chants (et qui forme l'ouvrage que nous connaissons aujourd'hui) à l'éditeur Albert Lacroix, connu pour ses prises de risque (c'est à lui qu'on doit la publication des *Mystères du peuple* d'Eugène Sue ou *La Sorcière* de Michelet). Est publié en 1969, sous le nom du comte de Lautréamont, *Les Chants de Maldoror*, dont il n'est cependant imprimé que quelques exemplaires. Si Isidore Ducasse les fait circuler et reçoit quelques retours élogieux, il mourra tout de même méconnu l'année suivante. Il faut attendre des décennies avant que l'œuvre trouve son public, en premier lieu chez les sur-réalistes, et acquière le statut qui est encore le sien aujourd'hui, d'œuvre sulfureuse, radicale et révolutionnaire.

RÉSUMÉ

Il est très difficile de résumer *Les Chants de Maldoror* dont les épisodes se suivent sans logique apparente. L'ouvrage est composé de six chants, eux-mêmes divisés en strophes. Mais à l'intérieur de cette construction qui pourrait sembler rigide, le comte de Lautréamont fait se succéder les épisodes comme autant d'instantanés de la cruauté de Maldoror, sans se soucier d'une quelconque linéarité dans la narration. En effet, si les strophes se répondent c'est seulement à travers les thèmes qu'elles développent et qui se font écho : l'horreur, la cruauté, l'homme, le Créateur... Pour développer ces thèmes, l'auteur fait appel à de nombreux genres : si certains passages touchent au fantastique, d'autres semblent plus se rapprocher du registre théâtral, etc. Chaque strophe acquiert ainsi une importance propre et peut être lue comme un poème indépendant.

CHANT PREMIER

Dès la deuxième phrase de ce chant, le narrateur prévient le lecteur : « Il n'est pas bon que tout le monde lise les pages qui vont suivre : quelques-uns seuls savoureront ce fruit amer sans danger » (p.83). Avertissement des plus justifiés puisqu'apparait ensuite le personnage de Maldoror, dont le texte va nous amener mille preuves du mal qu'il se plait à répandre autour de lui. Écoutons-le nous expliquer le plaisir qui est le sien lorsqu'il enfonce ses ongles dans la poitrine d'un enfant et goûte son sang :

> « Oh ! comme il est doux d'arracher brutalement de son lit un enfant qui n'a rien encore sur la lèvre supérieure, et, avec les yeux très ouverts, de faire semblant de passer suavement la main sur son front, en inclinant en arrière ses beaux cheveux ! Puis, tout à coup, au moment où il s'y attend le moins, d'enfoncer les ongles longs dans sa poitrine molle, de façon qu'il ne meure pas ; car, s'il mourait, on n'aurait pas plus tard l'aspect de ses misères. » (p. 89).

Ne nous cachant rien, ce personnage principal nous informe ensuite du pacte qu'il a conclu « avec la prostitution afin de semer le désordre dans les familles » (p. 91). Déclaration qui prépare la strophe 11 où, utilisant le dialogue, l'auteur nous montre Maldoror pénétrer dans une famille pour y ravir le jeune fils adolescent.

CHANT DEUXIÈME

Dans ce chant se détache particulièrement la strophe 9, véritable poème en prose qui s'attache à décrire la façon dont un pou peut dévorer tout organisme humain, aussi gros soit-il. Ce texte particulièrement intéressant a été amplement commenté, car il peut être considéré comme préfigurant la poésie surréaliste. Dans les autres strophes du chant sont relatés divers épisodes. La strophe 13 nous conte l'histoire de Maldoror qui développe un fort désir sexuel pour une femelle requin en laquelle il finit par retrouver son premier amour. Changement de décor dans la strophe suivante, où le personnage de Maldoror observe, sur les quais de la Seine, un jeune noyé qu'on vient de sortir du fleuve. Désirant le ramener à la vie, il frictionne son corps et alors que son cœur se remet à battre, il reconnaît en lui son ami Holzer.

CHANT TROISIÈME

Le chant troisième comporte l'épisode (strophe 2) qu'on pourrait dire fameux en cela qu'il contient l'essence du mal et de la cruauté que l'auteur cherche à faire naitre : Il nous narre l'histoire de celle qu'on appelle aujourd'hui « La Folle » et qui l'est devenue à cause de Maldoror. Celui-ci, après avoir violé sa fille et avoir laissé son bouledogue en abuser également, est revenu la tuer au terme d'horribles souffrances.

CHANT QUATRIÈME

La dernière strophe de ce chant est un monologue de Maldoror qui revient sur un souvenir qui le hante. À travers le récit proche de l'hallucination qu'il en fait, on apprend que celui-ci a tué son ami Falmer qui avait alors 14 ans (un an de moins que lui).

CHANT CINQUIÈME

L'un des plus forts moments de ce chant voit dialoguer Dieu et Maldoror (strophe 4). Ce dernier, après avoir imaginé un rite inverse à celui du baptême (« va laver ton incommensurable honte dans le sang d'un enfant qui vient de naître » p. 283) va jusqu'à condamner Dieu à devenir le Juif errant. Dans les strophes suivantes, on trouve tour à tour une incantation aux pédérastes, une déclaration de la pédophilie de Maldoror, la vision d'un cortège funéraire... Dans la septième et dernière strophe de ce chant, nous sont contés la naissance puis le combat que se livrent les deux frères Réginald et Elsseneur.

CHANT SIXIÈME

Ce chant n'est pas construit sur le même principe que les précédents. Il peut en effet être lu comme « un petit roman de 30 pages » (p. 309) dans lequel chaque chapitre se termine par une phrase énigmatique, système utilisé dans les romans-feuilletons. Dans celui-ci, on suit Maldoror suivant lui-même Mervyn qui « vient de prendre chez son professeur une leçon d'escrime, et, enveloppé dans son tartan écossais, [...] retourne chez ses parents » (p. 315). Là, une crise surprend le jeune homme de 16 ans, l'obligeant à s'aliter.

Le lendemain, il reçoit une missive lui enjoignant de suivre son auteur (qui signe de trois étoiles et d'une tache de sang) dans les îles de l'Océanie et de faire de lui son frère et compagnon. Dès lors le caractère de Mervyn change, il est « absorbé dans ses pensées comme un somnambule » (p. 324). Pour tenter de le guérir, ses parents lui font la lecture, mais sans succès : il se retire dans sa chambre pour écrire une longue réponse « coupable » (p. 327) à la lettre reçue : « dans l'attente du moment qui me jettera dans l'entrelacement hideux de vos bras pestiférés. ». Cette histoire trouvera son accomplissement, après une scène d'une horreur et d'une cruauté sans nom, lors d'un épisode tout à la fois grandiose et moqueur prenant pour décor de grands lieux parisiens : Marvyn, attaché à une corde, tournoie autour de la colonne de la Place Vendôme avant d'aller atterrir, mort, sur le Panthéon.

ÉTUDE DES PERSONNAGES

MALDOROR

Ce personnage qui donne son nom au livre est évidemment le plus important de l'œuvre. C'est celui autour de qui tout s'organise et qui lie l'ensemble hétéroclite des épisodes. De fait, il est polymorphe et nous le retrouvons ainsi, tout au long de l'ouvrage, sous différentes formes et dans différents lieux. Tantôt aigle, chêne ou poulpe, son identité réside dans sa cruauté. Son nom même porte en lui cette méchanceté, ce mal auquel il a choisi de se consacrer très tôt : « Maldoror fut bon pendant ses premières années, où il vécut heureux : c'est fait. Il s'aperçut ensuite qu'il était né méchant : fatalité extraordinaire ! [...] Il se jeta résolument dans la carrière du mal... » (I, 3, p. 85). Scellant ensuite un pacte avec la prostitution, son ambition est de « semer le désordre dans les familles » (I, 7, p. 91).

Personnage en rébellion contre la nature humaine et le créateur, Maldoror fait preuve d'une rage et d'une violence destructrices. Lui-même semble expliquer cette attitude par la douleur qu'il ressent depuis toujours : « J'ai reçu la vie comme une blessure, et j'ai défendu au suicide de guérir la cicatrice » (III, 1, p. 200).

Cet homme « [b]eau comme le vice de conformation congénital des organes sexuels de l'homme » (VI, 4, p.328) s'en prend à tous, mais particulièrement aux jeunes garçons qui constituent d'ailleurs les autres personnages de ces chants. : « Rappelons les noms de ces êtres imaginaires, à la nature d'ange, que ma plume, pendant le deuxième chant, a tirés d'un cerveau, brillant d'une lueur émanée d'eux-mêmes. Ils meurent, dès leur naissance, comme ces étincelles dont l'œil a de la peine à suivre l'effacement rapide, sur du papier brûlé » (III, 1, p. 193).

FALMER

Dans la dernière strophe du chant IV est évoqué Falmer, « ses cheveux blonds, sa figure ovale, ses traits majestueux étaient encore empreints dans mon imagination ». Voilà comment commence la description de cet adolescent de 14 ans que tua Maldoror alors qu'il avait un an de plus. Ce meurtre préfigure celui de Marvyn, dernière figure adolescente des *Chants*.

MARVYN

Fils de la bourgeoisie parisienne, Marvyn est en effet la dernière proie de Maldoror, celui dont la mort clôt *Les Chants*. Pour en arriver à ce dénouement, Lautréamont aura déroulé un court roman d'une trentaine de pages dans lequel l'adolescent gentil et bien élevé, « fils de la blonde Angleterre » qu'est Marvyn, va succomber à la tentation du mal que représente Maldoror. Cédant aux avances de cette créature maléfique, chez qui désir ne va jamais sans pulsion criminelle, Mervyn traverse Paris pour se jeter dans ses griffes. Bien mal lui en a pris, car Maldoror l'enferme dans un sac qu'il frappe de toutes ses forces contre le parapet. Non content de vouloir ainsi le tuer à la manière d'un animal, il l'abandonne à un boucher de passage, avec ces mots : « Voici un chien, enfermé dans ce sac ; il a la gale ; abattez-le au plus vite » (VI, 7, p. 342). Après une autre péripétie, c'est finalement sous ses ordres que la mise à mort de Mervyn aura lieu, dans un épisode spectaculaire où le jeune garçon, attaché à une corde est projeté, à la manière d'une « comète trainant après elle sa queue flamboyante » sur le Panthéon où il meurt, écrasé.

ELSSENEUR ET RÉGINALD

Le comte de Lautréamont se plait à peupler ces chants de duos, de couples fraternels. L'œuvre regorge en effet de « frères mystérieux » (III, 1, p. 194) de « jumeaux » (IV, 7, p. 259) préfigurant l'arrivée de Réginald et Elsseneur au chant cinquième. Nés du ventre de l'araignée, il s'agit de « deux adolescents, à la robe bleue, chacun un glaive flamboyant à la main, et qui avaient pris place aux côtés du lit, comme pour garder désormais le sanctuaire du sommeil » (V, 7. p. 299)

C'est Elsseneur qui prend la parole : « Et ce Réginald, à la démarche fière, as-tu gravé ses traits dans ton cerveau fidèle ? Regarde-le caché dans les replis des rideaux ; sa bouche est penchée vers ton front ; mais il n'ose te parler, car il est plus timide que moi. » (V, 7, p.298-299) C'est donc Elsseneur qui va forcer Maldoror à entendre le récit de son crime. Celui-ci a séduit les adolescents avant de les laisser pour morts

(Réginald poignardé et Elsseneur le poignet tranché). Les frères survivent finalement, mais leur désespoir les entraine dans la carrière des armes et manque de les faire se tuer lorsqu'ils combattent l'un contre l'autre sans le savoir.

CLÉS DE LECTURE

LE GENRE DU TEXTE, DE LA POÉSIE À L'ÉPOPÉE

D'Isidore Ducasse on ne connait que trois livres : *Les Chants de Maldoror* et deux petits fascicules de poésie, tous trois en prose. C'est donc dans la poésie que l'auteur a voulu faire se faire une place. Se référant à de nombreux et grands poètes (il a envoyé son texte à Victor Hugo et multiplie dans son œuvre les références à Charles Baudelaire, Leconte de Lisle, etc.) il surligne l'appartenance de son écrit au genre poétique. En effet, non content d'inscrire le terme « chant » dans son titre, il parle dans le corps même du texte, et ce à de nombreuses reprises, de strophes : « Je me propose, sans être ému, de déclamer à grande voix la strophe sérieuse et froide que vous allez entendre » (p. 97).S'en suit un magistral poème, dont l'ironie n'est cependant pas absente. Outre que l'auteur s'est empressé de couper court à toute émotion, il dédie ce texte à un poulpe ! N'en restent pas moins de merveilleuses images poétiques dont la richesse fait de Lautréamont l'un des plus grands poètes français. Et ce ne sont pas seulement les effets poétiques que maitrise l'auteur puisque c'est en utilisant et en superposant tous les genres littéraires que Lautréamont forge une œuvre inoubliable.

En effet, dans la première version du Chant premier, publié à l'origine de façon séparée, se trouvaient des passages de texte théâtral qui laissaient percevoir les premières influences de l'auteur : *Faust* de Goethe ou *Manfred* de Lord Byron. Si les indications scéniques ont disparu dans la version définitive des *Chants de Maldoror* (contenant à présent 6 chants) le héros reste marqué par les personnages, sataniques, qui lui ont servi de modèle. Subsistent également des passages dialogués qui pourraient tout à fait relever du genre dramatique. Ils s'intègrent parfaitement dans le récit des aventures de Maldoror qui, sautant de la poésie au théâtre, s'achève par un court roman, à cheval entre le roman noir et le feuilleton. Car l'auteur ne se contente pas de recourir à différents genres, mais use également de ceux-ci avec le recul tout ironique que permet la parodie.

Usant et abusant de sa maîtrise absolue des différents registres et genres, le Comte de Lautréamont offre ainsi à son héros une incroyable épopée. Ce genre est défini par le Larousse comme un « long récit poétique d'aventures héroïques où intervient le merveilleux. » À cette définition répondent exactement *Les Chants de Maldoror*, qui utilisent tous les ressorts de l'épopée (celle-ci venait de bénéficier d'un regain d'intérêt avec le courant romantique) pour narrer, sur un mode poétique, les aventures horrifiques du personnage principal. Ce n'est pas une chanson de gestes nobles ou valeureux qui nous est présentée, mais le chant des horreurs, et elles sont nombreuses, perpétrées par Maldoror.

UNE ÉPOPÉE DU MAL

Les six chants nous entrainent dans la course effrénée de Maldoror semant le mal partout où il passe. « Notre héros » se déplace dans un monde merveilleux où les objets et les animaux parlent, où chaque action est hyperbolique. Dans ce renversement de toutes les valeurs que promeut l'ouvrage, nous suivons Maldoror tout au long de son chemin de croix où chaque station est marquée par un épisode sanglant : meurtre d'un garçon, viol, torture et mise à mort d'une jeune fille, jusqu'à l'assassinat du jeune Mervyn, aboutissement de ce monstrueux parcours. Tous les actes étant détaillés avec précision, on ne peut que constater le plaisir qu'y prend Maldoror.

Personnage du mal par excellence, il n'est pas une déchéance que ne connaisse Maldoror : du meurtre à la pédophilie en passant par la prostitution, il goûte à tous les vices, son péché capital étant de se dresser contre Dieu, le créateur. Non content de laisser derrière lui toute humanité, Maldoror va jusqu'à rejoindre le règne animal, dans ce qu'il a de plus sauvage, bestial, en un mot : inhumain.

Digne héritier de Sade, Lautréamont/Maldoror va de proie en proie, de jeunes filles en jeunes garçons, qu'il débauche avant de les tuer en une série d'épisodes plus horribles les uns que les autres. Et tout comme Sade, c'est envers Dieu que va sa plus grande haine.

En effet, à travers l'assemblage des scènes plus horribles les unes que les autres se dessinent en creux une moralité. Car quels sentiments, si ce n'est la pitié, le sentiment d'injustice ou la compassion, peut faire naitre en nous la lecture de l'épisode où nous découvrons les passagers d'un omnibus, insensibles aux supplications d'un enfant malheureux et épuisé qui court en vain derrière la voiture pour y monter (II, 4) ? Dieu lui-même ne présente aucun secours puisqu'il est ici anthropophage et déclare aux hommes : « Je vous ai créés ; donc j'ai le droit de faire de vous ce que je veux. Vous ne m'avez rien fait, je ne dis pas le contraire. Je vous fais souffrir, et c'est pour mon plaisir » (II, 8, p.152). Si la violence de Maldoror apparait donc comme le fruit de la révolte et du désespoir, elle sert également de repoussoir. Dans une lettre du 21 février 1870, Isidore Ducasse écrit : « l'auteur croit que l'expression esthétique du mal implique la plus vive appétition du bien, la plus haute moralité ».

LE LECTEUR DES CHANTS

Les Chants de Maldoror ayant connu plusieurs publications, la situation de l'énonciation a subi des évolutions. En effet, le premier chant a été publié seul une première fois et de façon anonyme en 1869. Il est intéressant de noter que c'est paradoxalement dans cette publication anonyme qu'on retrouve le plus de repères biographiques. En effet, le nom de Dazet (jeune garçon ami de l'auteur pour qui il nourrit des sentiments troubles) y apparait à plusieurs reprises. L'identité de l'auteur y est également évoquée à travers la phrase : « La fin du dix-neuvième siècle verra son poète [...] il est né sur les rives américaines, à l'embouchure de la Plata [...] » Si cette indication reste dans la version définitive (l'ensemble des six chants publiés en 1870), les mentions du jeune Dazet disparaissent et un nom d'auteur apparaît. Si la paternité de celui-ci n'est pas tout à fait avérée (peut-être est-ce le fait de l'imprimeur, inspiré par le roman d'Eugène Sue qu'il vient de faire paraitre : *Latréaumont*), il n'en demeure pas moins que Le Comte de Lautréamont est né.

Si l'auteur s'efface derrière son pseudonyme et son puissant narrateur, il va même parfois jusqu'à s'absenter totalement de son œuvre. C'est notamment le cas lors des épisodes de plagiat ou de collage (lorsque Ducasse recopie *in extenso*, dans le cinquième chant, des passages de l'encyclopédie du Docteur Chenu. Cette position de retrait de l'auteur laisse plus de place au lecteur, partie prenante de l'œuvre. On ne cesse en effet de l'apostropher, de le prendre à parti du début à la fin des chants : « Plût au ciel que le lecteur, enhardi et devenu momentanément féroce comme ce qu'il lit, trouve, sans se désorienter, son chemin abrupt et sauvage, à travers les marécages désolés de ces pages sombres et pleines de poison » (I, 1, p. 84). Sollicité par de multiples incantations et le recours quasi perpétuel au « Vous », l'auteur ne lâchera son lecteur qu'à la dernière phrase du dernier chant, dans une provocation ultime : « allez-y voir vous-même, si vous ne voulez pas me croire. » (VI, 8, p. 349)

Tout au long du texte donc, le narrateur n'aura eu de cesse de s'adresser au lecteur, spectateur privilégié des transgressions, mais également acteur du texte. Nulle ironie ne peut en effet exister si un lecteur n'est pas là pour la percevoir. Tous les effets utilisés par Lautréamont s'avéreraient donc caducs sans le ressort de la lecture. Et c'est dans cette importance donnée à la réception de l'œuvre que se dessine la grande modernité de Lautréamont.

Lors de leur publication, c'est peu dire que *Les Chants de Maldoror* ne trouvèrent pas leur public.

Tiré à très peu d'exemplaires, l'ouvrage fut tout aussi tôt oublié. Il faut attendre 1917 (soit 48 ans après sa parution) pour que les initiateurs du mouvement surréaliste, Philippe Soupault et André Breton, redécouvrent l'œuvre et fassent d'un extrait du chant l'un des axes majeurs du *Manifeste du surréalisme* : « Il est beau comme la rétractilité des serres des oiseaux rapaces ; [...] et surtout, comme la rencontre fortuite sur une table de dissection d'une machine à coudre et d'un parapluie. » (VI, I, p. 314-315)

De fait, le Comte de Lautréamont pourrait compter comme le premier surréaliste, étant donné le caractère automatique de son écriture, qui saisit l'inconscient du lecteur pour l'entrainer jusqu'au vertige.

PISTES DE RÉFLEXION

QUELQUES QUESTIONS POUR APPROFONDIR SA RÉFLEXION...

- Pourquoi les surréalistes se sont-ils approprié la phrase de Lautréamont : « Il est beau comme la rétractilité des serres des oiseaux rapaces ; [...] et surtout, comme la rencontre fortuite sur une table de dissection d'une machine à coudre et d'un parapluie. » (VI, I, p. 314-315) ?
- On a souvent rapproché Lautréamont du Marquis d Sade. En quoi sont-ils comparables ?
- Dieu est représenté à de multiples reprises dans *Les Chants*. Tracez-en le portrait.
- Repérez et donnez des exemples de tous les genres littéraires utilisés par l'auteur dans *Les Chants de Maldoror*.
- « Je fais servir mon génie à peindre les délices de la cruauté », écrit Lautréamont dans le Chant premier. Commentez cette citation.
- La strophe 9 du deuxième chant peut être lue séparément du reste de l'œuvre. Faites l'étude de ce poème en prose.

- En quoi les *Poésies* d'Isidore Ducasse s'écartent-elles des *Chants de Lautréamont* ?
- Dans cette œuvre, chaque nom (celui de l'auteur comme ceux des personnages) est porteur de sens. Expliquez-les.

Votre avis nous intéresse !
Laissez un commentaire sur le site de votre librairie en ligne
et partagez vos coups de cœur sur les réseaux sociaux !

POUR ALLER PLUS LOIN

ÉDITION DE RÉFÉRENCE

- LAUTRÉAMONT, Comte de, *Les Chants de Maldoror*, et autres textes, Paris, Le Livre de Poche, 2001, 448 p.

ÉTUDES DE RÉFÉRENCE

- LAFRERE J.-J., *Isidore Ducasse*, Paris, Fayard, 1998.
- BLANCHOT M., *Lautréamont et Sade*, Paris, Éditions de Minuit, 1949.
- PIERSSENS M., *Éthique à Maldoror*, Lille, PUL, 1984.
- PLEYNET M., *Lautréamont par lui-même*, Paris, Éditions du Seuil, 1967.

Retrouvez notre offre complète sur lePetitLittéraire.fr

- des fiches de lectures
- des commentaires littéraires
- des questionnaires de lecture
- des résumés

ANOUILH
- Antigone

AUSTEN
- Orgueil et Préjugés

BALZAC
- Eugénie Grandet
- Le Père Goriot
- Illusions perdues

BARJAVEL
- La Nuit des temps

BEAUMARCHAIS
- Le Mariage de Figaro

BECKETT
- En attendant Godot

BRETON
- Nadja

CAMUS
- La Peste
- Les Justes
- L'Étranger

CARRÈRE
- Limonov

CÉLINE
- Voyage au bout de la nuit

CERVANTÈS
- Don Quichotte de la Manche

CHATEAUBRIAND
- Mémoires d'outre-tombe

CHODERLOS DE LACLOS
- Les Liaisons dangereuses

CHRÉTIEN DE TROYES
- Yvain ou le Chevalier au lion

CHRISTIE
- Dix Petits Nègres

CLAUDEL
- La Petite Fille de Monsieur Linh
- Le Rapport de Brodeck

COELHO
- L'Alchimiste

CONAN DOYLE
- Le Chien des Baskerville

DAI SIJIE
- Balzac et la Petite Tailleuse chinoise

DE GAULLE
- Mémoires de guerre III. Le Salut. 1944-1946

DE VIGAN
- No et moi

DICKER
- La Vérité sur l'affaire Harry Quebert

DIDEROT
- Supplément au Voyage de Bougainville

DUMAS
- Les Trois
  Mousquetaires

ÉNARD
- Parlez-leur
  de batailles,
  de rois et
  d'éléphants

FERRARI
- Le Sermon sur la
  chute de Rome

FLAUBERT
- Madame Bovary

FRANK
- Journal
  d'Anne Frank

FRED VARGAS
- Pars vite et
  reviens tard

GARY
- La Vie devant soi

GAUDÉ
- La Mort du
  roi Tsongor
- Le Soleil des
  Scorta

GAUTIER
- La Morte
  amoureuse
- Le Capitaine
  Fracasse

GAVALDA
- 35 kilos d'espoir

GIDE
- Les
  Faux-Monnayeurs

GIONO
- Le Grand
  Troupeau
- Le Hussard
  sur le toit

GIRAUDOUX
- La guerre de
  Troie
  n'aura pas lieu

GOLDING
- Sa Majesté des
  Mouches

GRIMBERT
- Un secret

HEMINGWAY
- Le Vieil Homme
  et la Mer

HESSEL
- Indignez-vous !

HOMÈRE
- L'Odyssée

HUGO
- Le Dernier Jour
  d'un condamné
- Les Misérables
- Notre-Dame
  de Paris

HUXLEY
- Le Meilleur
  des mondes

IONESCO
- Rhinocéros
- La Cantatrice
  chauve

JARY
- Ubu roi

JENNI
- L'Art français
  de la guerre

JOFFO
- Un sac de billes

KAFKA
- La Métamorphose

KEROUAC
- Sur la route

KESSEL
- Le Lion

LARSSON
- Millenium I. Les
  hommes qui
  n'aimaient pas
  les femmes

LE CLÉZIO
- Mondo

LEVI
- Si c'est un
  homme

LEVY
- Et si c'était vrai…

MAALOUF
- Léon l'Africain

MALRAUX
- La Condition humaine

MARIVAUX
- La Double Inconstance
- Le Jeu de l'amour et du hasard

MARTINEZ
- Du domaine des murmures

MAUPASSANT
- Boule de suif
- Le Horla
- Une vie

MAURIAC
- Le Nœud de vipères

MAURIAC
- Le Sagouin

MÉRIMÉE
- Tamango
- Colomba

MERLE
- La mort est mon métier

MOLIÈRE
- Le Misanthrope
- L'Avare
- Le Bourgeois gentilhomme

MONTAIGNE
- Essais

MORPURGO
- Le Roi Arthur

MUSSET
- Lorenzaccio

MUSSO
- Que serais-je sans toi ?

NOTHOMB
- Stupeur et Tremblements

ORWELL
- La Ferme des animaux
- 1984

PAGNOL
- La Gloire de mon père

PANCOL
- Les Yeux jaunes des crocodiles

PASCAL
- Pensées

PENNAC
- Au bonheur des ogres

POE
- La Chute de la maison Usher

PROUST
- Du côté de chez Swann

QUENEAU
- Zazie dans le métro

QUIGNARD
- Tous les matins du monde

RABELAIS
- Gargantua

RACINE
- Andromaque
- Britannicus
- Phèdre

ROUSSEAU
- Confessions

ROSTAND
- Cyrano de Bergerac

ROWLING
- Harry Potter à l'école des sorciers

SAINT-EXUPÉRY
- Le Petit Prince
- Vol de nuit

SARTRE
- Huis clos
- La Nausée
- Les Mouches

SCHLINK
- Le Liseur

SCHMITT
- La Part de l'autre
- Oscar et la
  Dame rose

SEPULVEDA
- Le Vieux qui
  lisait des romans
  d'amour

SHAKESPEARE
- Roméo et Juliette

SIMENON
- Le Chien jaune

STEEMAN
- L'Assassin
  habite au 21

STEINBECK
- Des souris et
  des hommes

STENDHAL
- Le Rouge et
  le Noir

STEVENSON
- L'Île au trésor

SÜSKIND
- Le Parfum

TOLSTOÏ
- Anna Karénine

TOURNIER
- Vendredi ou
  la Vie sauvage

TOUSSAINT
- Fuir

UHLMAN
- L'Ami retrouvé

VERNE
- Le Tour
  du monde
  en 80 jours
- Vingt mille
  lieues sous
  les mers
- Voyage au
  centre de
  la terre

VIAN
- L'Écume des jours

VOLTAIRE
- Candide

WELLS
- La Guerre des
  mondes

YOURCENAR
- Mémoires
  d'Hadrien

ZOLA
- Au bonheur
  des dames
- L'Assommoir
- Germinal

ZWEIG
- Le Joueur
  d'échecs

L'éditeur veille à la fiabilité des informations publiées, lesquelles ne pourraient toutefois engager sa responsabilité.

© **LePetitLittéraire.fr, 2018. Tous droits réservés.**

www.lepetitlitteraire.fr

ISBN version numérique : 9782808014762
ISBN version papier : 9782808014779
Dépôt légal : D/2018/12603/498

Conception numérique : Primento,
le partenaire numérique des éditeurs.

Ce titre a été réalisé avec le soutien de la Fédération Wallonie-Bruxelles, Service général des Lettres et du Livre.